LYRIKEDITION 2000

Das Buch

Mit »Echos für eine Nacht« legt Sabina Lorenz ihren zweiten Gedichtband vor. Fanden sich in ihrem Debüt noch Texte, die die Suche nach einen Ort zum Bleiben zum Ausgangspunkt hatten, setzen die vorliegenden Gedichte die Tatsache voraus, dass keiner bleiben kann. Alles ist sowieso im Fluss und Flexibilität zum höchsten Gut geworden, um beruflich und privat zu punkten. Dehnbar, wandelbar ist die Auslegung der Eigenschaften vor einem Bewerbungsgespräch (»jungbelastbarhumorvollengagiert«), zu dem es in die oberen Etagen nur durch einen uringetränkten Aufzug geht. But hey: »YOU CAN MAKE IT«.

Auch die Liebe breitet sich über dem Kontinent aus und so kommunizieren die Partner in dem titelgebenden Gedicht via Telefon, aber »die Stimme/ allein macht noch keinen Ort«. Dinge bekommen so gesehen ein doppeltes Gesicht und haben immer mehr als zwei Seiten: ein Fenster zum Rein- und Rausschauen. Alles wird zum Ding an sich und ist sowieso »krulle«. Eine Wortschöpfung, die für alles stehen kann und erschreckenderweise sofort verstanden wird.

Die poetische Kraft dieser Gedichte gibt uns ein Wundermittel an die Hand, wie wir in der heutigen Welt überleben können: »Wir träumen/ uns als junge Hunde« – Traum und Fantasie, die Welten füllen können, die uns zueinander führen und auf magische Weise in jenem dritten Raum verweilen lassen.

Die Autorin

Sabina Lorenz, geboren 1967 in München, Studium der Sozialpädagogik in München und London. Bisher erschien neben Veröffentlichungen in Literaturzeitschriften (lauter niemand; Krautgarten; [sic!]; poetmag) der Gedichtband »Die Fremde ist ein Ort« (2007). Sie lebt als Autorin in München.

Sabina Lorenz

Echos für eine Nacht

Gedichte

LYRIK
EDITION
2000

Weitere Informationen über den Verlag und sein Programm unter:
www.lyrikedition-2000.de

Gefördert von Books on Demand, Norderstedt

Januar 2010
© 2010 Allitera Verlag in der Buch&media GmbH
Umschlaggestaltung: Buch&media GmbH, München
Herstellung: Books on Demand GmbH, Norderstedt
Printed in Germany
ISBN: 978-3-86906-086-6

Für CPR, die im Alltag das Absurde sieht.

Sie tut so, als würde jeden Moment was passieren, dabei passiert nie was. Und wenn es vorbei ist, tut sie so, als wäre was passiert, dabei ist in Wirklichkeit überhaupt nichts passiert.

Sara Schulman

Sylvia auf dem Dach

RAUCHFINGRIGE STILLE in den Ritzen der Tapeten / eine nicht dunkel werdende Nacht / Sylvia geigt singende Sägen / – klingt da was? schwingt da was? – / taucht ihr Haar in Rot / Mit viel zuviel Spucke auf der Zunge / dies klebrig schaudernde Zäh / spaziert sie die Dachrinne lang / – lebt da was? regt sich was? – / wartet sie auf ein Wunder / Als es nicht kommt nicht jetzt nicht nie / nie nimmer nicht gekommen ist / streift sie Siebenmeilenstiefel von den Füßen / – sind da Augen? ist es das? – / wirft sie einem Fotografen auf den Kopf / Sieben Sprechblasen aus seinem Mund / eine für jede Meile / – hallt da was? schallt da was? – / es sind Sylvias Kleider / die schweben den Stiefeln hinterher / Dann winken sieben Mädchen mit brennendem Haar / körperlos in weißen Kleidern / hüpfen sie die Straße hinab / – tanzen sie? stürzen sie? – / lächelnd blickt Sylvia ihnen nach / Nackt setzt sie sich in die Dachrinne / spreizt sieben Zehen an jedem Fuß / erstaunt streicht sie ihre Gänsehaut / singendes schwingendes Sägeblatt / – ein Ohrwurm? ein Ohrwurm –

Fabelwesen, du

WIE gewohnt die Echos für eine Nacht, wie
flatternde Vögel im Zimmer gefangen, wenn wir
uns Geschichten erzählen, und noch und noch
bin ich gerannt, den Federn hinterher, zu müde
für Schlaf. Den Schlaf erzählen wir uns nicht.
Wir liegen in unterschiedlichen Teilen der Welt
und reiben uns die Ellenbogen rot. Die Stimme
allein macht noch keinen Ort.

ALSO gleiten wir im leeren Raum, die Überanstrengung der Körper und ihrer Rollen auf dem Parkett, wo Engel sich mit Einhorn paart, spricht: Gott ist tot. Hier wieder Gegenlicht und das Gewicht des Lichts: Sexing Engel, Einhorn, Gott. Ein Seufzer aus 250 Mill. Jahren Säugetierentwicklung, tagein tagaus wummernde Liebe am Ohr, die fragt, ob es Potenz oder Größe sei, dort unterm Busen etwa ein heimlicher Mann. Die Variationen der Wiederholungen. Die Welt flach wie ein Comic-Strip.

EIN Outlet. Du rennst darin herum. Gebeugt wie
Fragezeichen, wo immer der Hunger dich findet:
eingebildete Luft in einer eingebildeten Welt mit
Zaubereien aus dickbauchigen Reisetaschen
in der die Bonbons vom Chemie-Werk schäumen.
High Adventure Experience, wie lieben sie das. So
queren Girlies auf Glitzerpumps, schnippen dir
Zigaretten ins Gesicht, perverse Sau. Wie nervös
man die Welt sieht. Als ob es darauf ankäme.

MEIN Schatz, ich werde immer zu klein für irgendwas sein. Zu glauben, dass es kein Ding gibt, das sich nicht nach einem anderen sehnt. Stell dir den struppigen Hund vor, der jeden Tag vorm Aldi wartet, seine blaue Blume beim Preisvergleich der Fertiggerichte. Was tut er mit einer Liebe, die herrenlos zurückgeblieben ist. Frag nicht mehr wie. ~~Wie~~. Sag, wo wirst du niemals dasselbe finden. Schreib auf, ganz unten: und Weiches.

Auch: Verstecke

ORTUNGEN

Wodurch eine Tür aufgeht und Raum
betreten wird: Stiefmütterchen
wie knittrige Taschentücher, und dieses
Zittern sobald Taschenhunde
sie beschnüffeln. Was noch
wichtig ist: der Sinn
von Mengenlehre, wenn eine Fliege
mit 200 Flügelschlägen pro Sekunde
ihre Höfe durchquert und sich an deinem
Fenster in ein Spinnennetz
verfängt. Die Perspektive
der Spinne auf einem verschwitzten
Zeigefinger. Auch: Verstecke
für die Häutung. Und nächtlings
Fledermäuse. Die Zeitunterschiede
in der Echoortung. Darüber
hinaus: sich selbst
am Fenster sitzen zu sehen, oben
schwimmt ein Flugzeug davon.

33°

Streckt eine Spinne ihr sommriges
Bein zur Unterwassermusik im Hof
dort dudelt ein Radio rückwärts, helle
Sprachmelodien, angeschickert, wie
auch der Asphalt ein schimmerndes
Kleid probiert, und luftleichter Körper
am Fenster, acht Beine, grazil, fragil
ziehen zitternde Fäden im fernen
Rufen anfahrender Züge: du, ja du
kommst du? Dir streicht eine Katze
um den Rock. Die Zeit hat Zeit.

Mouches Volantes

Das Wetter ist durchsichtig geworden.
Selbst die Hauptverkehrsstraßen sehen aus
wie Märchenalleen. In den Pfützen
spiegeln sich Amseln. Du trittst hinein, wie
aus Schnüren geknüpft legt sich ein Lied
über deine Ohren (in der Erinnerung, und
wann das Jetzt ein Jetzt sei). Wellen, Vögel
kräuseln sich zu deinen Füßen, Flügel
schwirren über dich hinweg, beredt
du bleibst zurück, dazwischen Wellen
Weg. Mit dem Rücken horchst du noch.

Nehmt, Frouwe, diesen Kranz

An der Nahtstelle zwischen Schlaf
und Erwachen lockt eine Möwe, silbriger
Pfeil mit windigem Gelächter, schießt
aus dem Fenster hinaus ins Blau.
Mir ist, als ob sie pfiffe. *Ahî, nu kumt
uns diu zît, der kleinen vogellîne sanc.*
Und dann
steht sie vorm U-Bahnschacht, hält mir
ein Mikro vor den Mund: *Muget ir schouwen
waz dem meien wunders ist beschert?*
Wunders, sag ich, blau. *Wîze, rôte rôsen
blâwe bluomen, grüene gras.*
Und wir gehen
zu Betten Ried, und ich sage noch, doch
nicht im Schaufenster, aber sie zaust
meine Federn, ach gibt Schlimmeres
si wunderwol gemachet wîp.

GRENZSTEIN, SERENADE

Wir müssten etwas tun gegen das Entschlüpfen aber
ich bin nicht ich selbst heut Nacht mir ist als sei ich du
durchquerst Ohr Adern Herz und Federn deine Federn
kitzeln meine Mundwinkel als du deine *Menschwerdung*
zu dekonstruieren suchst so tun wir etwas gegen
das Entschlüpfen viel mehr als jede Menschwerdung
tun kann dagegen kommen Fabelwesen leichter an

Betreff: Re:

Zu sein was unsere Sprache macht, dies war
mein Zimmer, in dem sie sich aufrollte, da
begannen die Dinge zu reden
: Ein Stummel Liebe aufgelesen, das Licht
im Fenster gegenüber, wo Schemen gehen.
Wie knurrende Wiesel umkreisten wir uns
mit Kaskaden aus dem eigenen Wörterbuch
surrten in Ferngesprächen (Wortosmosen)
zur Bedeutungsklärung unverstandener Begriffe
: 10 oder 20 oder 30 Jahre zurück, den Weg
des eigenen Schattens.
Ich sah ihn sein Bild fressen, da, wo kein
Vergleichen mehr war, Begreifen inbegriffen
die Aufzählungen der Tage. Nie hätte ich
gewusst was ein Bruchstabe ist.

OBERFLÄCHEN

Das Zimmer betreten, dann, wenn es nach Schlaf
riecht, Schlaf aus den Augen gewischt, aus dem
Mund, wenn Tagluft zirkuliert, im Raum trifft Licht
Poren, helle Härchen aufgestellt, sag, ist dir kalt
der Code, Klangfeld, das in ein anderes hallt (in
limbische Hirngebiete oder sonstwohin), leitet
Muskeln, Arm über Arm, hebt rechte Schulter
rechte Hüfte (kinästhetisch). Berührung heißt
eine Grenze zu berühren. Die Temperatur des
Wassers gemessen auf der Haut der Haut Haut
je anders bewohnt (wer wohnt), und Haut an Haut
sendet Impulse unter die Oberfläche, unter

SIEBENSCHLÄFER

Wie wir verschwinden in Gewittertürme laufen
dazwischen blitzt die Sonne auf Lichtgassen hier
jagt ein Hund Eichhörnchen die Bäume rauf bellt
bellt wie wir wir
schliefen im Licht erstarrt vom Lauschen Welpen
von Nässe angeklatschtes Fell klirrten nächtlings
Gürtelschnallen bauten wir Barrikaden wir fingen
das weiße Straßenlicht wir hingen
am Licht wir hatten Vögel die an Büchern pickten
aus Verzweiflung Lippen küssten Sätze sprachen
wir hatten Hunde die die Vögel fraßen wir weinten
um sie die Vögel die
Hunde Federn Fell wir gruben Gräber hier ruht
ein kleines Tier erinnerst du Kleiner die Gräber
gab es nicht und keine Barrikaden nur Knöchelchen
in Sommermülltonnen
der Gestank weltweit der gleiche Siebenschläfer
jetzt jemand pfeift den Hund zurück Eichhörnchen
keckern von oben herab die Straße vom Regen
dampft wie

Eine Abirrung von Sekunden

Ist kein großes Abenteuer du stehst bloß
mit dem Rücken zum Tag die Straßen voll
Gelächter und Angst es blitzt und klickt
als würdest du fotografiert und im Bauch
die Leere wesenlos auf einmal
ein schreiender Vogel und alle erwarten
noch viel viel mehr gewittergleich berstendes
Glas im Gesicht du weißt es wird bald
regnen Regenknäuel Liederlicht der Amseln
die flattern vorbei und außerhalb des Regens
Totenstille da hängt ein
ausgefranster Kartoffelmond über den Dächern
orangefarbener Fleck und flimmernde Fransen
und der Fleck kommt näher je länger du hinsiehst
und es braucht verdammt lang um hinzukommen

WIEDER BLÜTEZEIT

Etwas das leicht ist und kühl. Das Leuchten
der letzten Dinge unter Misteln, und Mädesüß
blüht zwischen bröckelnden Grabgrenzen.
Hältst du deine Begrenzungen ein. Ohne Schilder.
Ohne Karten. Wie lange dauert es, bis die Zeit
vergeht. Ohne Kalender. Wahrscheinlich
findet man sich zurecht. Ohne Geburtstage.
Wieder ein Jahr vorüber verdicken sich die
Brillengläser. Dünnen Lieder in Repeat sich
aus. Der Gedanke neunundzwanzig zu bleiben
auf neunundzwanzig folgt neunundzwanzig
ist irgendwann vorbei. Nur Tote bleiben immer
siebenundzwanzig.

Am Himmel der Alltag

Dabei ist es Tag geworden. Aus leeren
Kaffeebechern trinken sirupsüchtige
Wespen und Motoren laufen, vorm Coffee Shop
kaum Zeit, mir die Schnürsenkel zu binden, über
Ampeln kommen, stoppen, so schnell
wie ein plötzlicher Stillstand kann kein Leben sein.
So stand das Licht (es tagte, ehrlich)
und du gingst so leicht, deine Schuhe
wurden nicht älter, die Welt
sich häutend am Mantelsaum.
(Ein Mitbringsel. Das ist üblich in der Fremde.)
Im Schlaf tummelten sich Einraumwesen.
Sie besprachen eine Rolle Endlospapier.
Später fandst du sie nicht wieder.
Diese Büchse leeren, im Koffer verschließen
beginnen so Reisen.

Draussen Krulle irgendwo

NICHTS Nichts gibt es nicht Niemand Niemand
gibt es nicht kein Nirgendwo wo Transporter
Schafe laden im Dunkel ducken sich in Ritzen
Katzen blenden heranjagende Wagen
dazwischen gehen durchqueren den März
ist Lämmerzeit

SCHNEELÄMMER dünnes Weiß im Nass was tun
mit nassen Füßen auf Ausfallstraßen spiegelt
sich in Pfützen Wolle tropft rhythmisch *krulle*
ins Ohr während das Gesicht verschwindet
der Rumpf ganz allgemein ein Loch im Leib
unsichtbar gurrt Krulle *krulle*

DRAUSSEN laufen lauter Leute herum angebissene
Osterhasen so viele Reste am Rand des Blicks
ein lautlos lauernder Köter Wände bestehen
aus Gebäuden Straßen Risse im Putz draußen
auf die Drinnen-Art und so sagt Krulle ist nichts
passiert

DIE Augen weit offen achten Nachtmenschen
auf tote Winkel in Bahndepots Katzenschlaf
dünn genug um durch Fenster zu entweichen
in die Unsichtbarkeit können wir so Krulle tags
Colareste in Cafés und durch Toilettenfenster
schlüpfen

VERSCHWINDEN vor Männern in Uniform
die Spiegel scharfschneidendes Glas
wenn Krulle The Great Pretender singt
rastet jemand aus immer mal wieder
Hand gegen Wand weil man ihn nicht
berühren darf drinnen .

DANN wird es weiß bleibt die Zeit gefangen
im Sekundenzeiger summen Stimmen Lieder
suchen sie treu zu sein als Krulle verschwand
er war ganz einfach zu kirre das war klar
Menschen können das: einfach nicht mehr
da und weg sein

Tagesrandlagen

Ich habe mir einen Mythos stets als etwas vorgestellt, das nie da war, sondern sich ständig ereignet.

Jean Houston

[Über Diesseitiges und mittendrin]

Jetzt: denk die Abwesenheit, als wärs Zeit, Platz
zu machen für deine schwänefütternde Nachbarin
die dich zur Tagesschau um 20 Euro bittet (und
brütet Schwaneneier aus. In ihrer Wohnung.
                                 In ihrer Wohnung.) Platz
für die großen Träume der Erzieherinnen, dafür
von der 16 000-Euro-Frage nicht enttäuscht
zu werden: *Wie viel ist ein Leben wert? Z. B.*
für Frau K., die Herrn A. füttert, wickelt, wäscht.
                                 Zieh den 50/50-Joker.
Die Antworten: – *unter 10 Euro* – *über 10 Euro*
Passe. (Aber: Brütet Frau K. Schwaneneier aus.)
Zeit, Platz zu machen für die Nacht, für Herrn A.
seine Freunde im Fernsehen. Alles in allem
                                 zu langsam für das Glück.
Der erfolgreiche Paarmensch hat rechtzeitig
auf Gold spekuliert und sich vervierfacht.
Was es wohl ist. Etwas wie ein Organismus
im diesseitigen Raum der Peepshows, wo
                                 die Zukunft gehandelt wird.
Etwas wie Abwesenheit. Denk die Abwesenheit
der schwänefütternden Nachbarin, die Abwesenheit
der Erzieherinnen, von Frau K. Und was ist mit Herrn A.
seinen Freunden im Fernsehen. Als wärs ein Schwan
                                 der seinen Schatten einschwimmt.

[Interview mit der Nachbarin über
Schwaneneier]

Im Erdgeschoss kein Licht, nicht in den Höfen
da stehen die Häuser dicht, dies war schon immer
ein schattiger Ort. (Auch bei den Göttern. Nicht
sehr angesehen. Vergiss alles. Schau nach vorn.)
Es geschah.
                      Und du nickst
du lachst, meine Augen, sagst du, sind stets
zu dunkel, um bemerkt zu werden, doch sie
sind da. Du drehst dich zur Küche, zum Rotlicht
zum Nest. Schimmerndes Ei, pastell und fremd
in deinem
                      Raum, sein Vater
Schwan, deiner Finsternis. Du lachst, du nickst
mein Vater ist Geschichte. In einer anderen
ist er der Ozean. Nichts als Verwandlungen.
Woraus sonst kannst du Ordnung machen.
Glaub mir
                      ich erzähle dir
Geschichten. Du bettest die Federn, das Ei
das Nest. Später wird es, dünn auf Daunen
gepolstert, zur Adoption freigegeben. Glaub
ihm, auch wenn es in einen Entenhof gerät
es wird Flügel haben.

[INTERVIEW MIT HERRN A. ÜBER HELDEN]

Nachts ist die Zeit der Halbgötter, Riesen, dann
werden noch einmal alle Kämpfe gekämpft, Bild
um Bild flimmert im Halbdunkel, ein flatterndes
Telegramm, der Atem, fremdes Tier, greift
von hinten an
                        schnaubt
Inspiration. Stiebendes Fell, in der Nacht
ist es laut, jault, wenn alle Klingeln versagen, so
hält dein Gegner dich hoch in der Luft. Aber noch
hat er mich nicht erstickt, sagst du, du schaltest
auf ein anderes Programm.
                      (Herkules. Nachts
gibt es andauernde Wiederholungen.) Du
kämpfst, du gewinnst, du lachst, kein Problem
wenn ich nur die Erde berühren könnte, aber
du kämpfst, du verlierst irgendwann, das ist
normal. Gaia bringt
                      immer neue Helden
hervor, und binnen Augenblicken
ist der Spuk vorbei. Der Rest ist Psyche
sagst du, oder berührst *du* stets die Erde.
Nichts als Verwandlungen. Woraus sonst
entstehen Geschichten.

[INTERVIEW MIT FRAU K. VOR DEM NACHTDIENST]

Im siebten Stock ein weiter Blick, die Dächer
die Straßen, Lichterketten um 18 Uhr, hier
ist auf nichts zu verzichten als auf Zeit. Die
Wohnung gehört meiner Mutter, sagst du, sie
ist nicht da, und ich nur die Hälfte vom Jahr.
                     Weißt du, welcher Tag
heut ist. Die siebte Nacht, ja, kochst Nudeln
(von Granatäpfeln allein lässt sich nicht leben)
du nickst, du lachst, der Vertrag ist für sie hart
sie glaubt, Hades habe mich geraubt, doch ich
lebe in beiden Welten. Die Schatten
                     fremd unter deinen Augen, du
kennst Antibiotika gegen Schnupfen, Desinfektion
für jeden Klodeckel, Mülltonnen hinter Schloss.
Du nickst, du lachst, was nützt es schon
ihn auszusperren, die Tage hüpfen wie Perlen
von einer zerrissenen Kette davon.
                     Dann hängt da
ein Schild *ärztlicher Notdienst,* und du sitzt da
lange, du liest *ästhetischer Notdienst.* Besser
es wird dir ein Bett bereitet. Glaub mir, es sind
Verwandlungen. Nichts als Geschichten. Womit
sonst kannst du Würde schaffen.

[Über Nächtliches, reloaded]

Und nun: Die Stadt zu deinen Augen, so Frau K., Herr A.
die Nachbarin und das Ei. Denk sie im Container, wo
sie ihre Bedeutungslosigkeit bekämpfen für Augenblicke
von Unsterblichkeit. So sucht die Sphäre sie heim
                    als urbaner Alb. Ringend
um Errungenschaften. Sich aus der Vergesslichkeit
zu befreien. Kaum weiß ein Halbgott zu sagen, wer
sie sind. Er wäre kein Held, befehdete er nicht fremde
Götter, sondern altbekannte. Wie kann
                    ein System sich selbst
verstehen. Da erhellt Licht die Nacht, Zeus' Furcht
zu besänftigen. Gestrüpp, verwirrend, das sich seine
Dunkelheit nicht nehmen lässt, sagt Frau K. Zeit
für die Kämpfe von Herrn A. Achten auf Schlaf und
                    seinen Zwilling. Weilten sie
im Container, sie würden als Spielverderber rausgewählt.
So deine Nachbarin und ihr Schwanenei, seit Wochen
ohne Strom. Bei Kerzenlicht, zu diffus für die Breitbildfront
erzählt sie Geschichten: Am Anfang war die Nacht
                    die Nacht gebar ein Ei, und nun

Orange

SICH um vier Uhr morgens an die Welt zu lehnen, Mondzyklen
überm Vorderhaus. Die Nacht ist lang, ist Mittwoch im Herbst

oder gehört die Nacht zum Donnerstag. Ich schlafe nicht gern
im Dunkeln. Dunkelheit ist wie Wasser, in dem jedes Wort
erstickt.

Ein Schattengeviert. Zu dünn für die Nacht, die auch nicht
schläft
wann haben Nächte jemals geschlafen, nachtschlafende

Zeiten, ein Mythos. Die Zeitungsfrau um vier in der Früh
Schichtarbeiter in der U-Bahn um fünf. Von der Arbeit

in die Arbeit. Sehen unterschiedlich aus, beide mit der Nacht
beschäftigt, der Nacht drinnen, der Nacht draußen.

AN der Schwelle zwischen Nacht und Tag ist Niemandsland.
Ich schreibe dir eine E-Mail um 04:15:32 MEZ. Betreff:

Re: Ja, ich kenne das Westkreuz. Da standen
    Baracken, orangeroter Schein im Hofgeviert

heulende Menschen wie Dochte
    gegen das Licht und der Geruch von Benzin

und den Geruch werde ich niemals los. Schweiß
    von hundertzwanzig Menschen auf engem Raum

Toiletten und Müll. Die Nacht wickelt sich gnädig
    um mich, umsummt vom Husten, Schlurfen schlafloser

Menschen, und dieser Junge, den Körper zerbrochen
    von Eisenstangen, die Nacht am Westkreuz ist lang

ich trinke Tee und schmecke Benzin, im Gang
    fressen Flammen Türstöcke, getränkte Jutesäcke

mit Aufschrift in Fraktur, und der Schrei, gellendes
    Orange, den Schrei bin ich nicht gewöhnt.

AM Westkreuz, sagst du, bin ich aufgewachsen, und
 ich schreibe dir, ich weiß, nur der Feuerlöscher, der

war schwer. Von *wir* zu sprechen, wo fängt das an. Orange
 bei einer Wellenlänge von 620 bis 585 Nanometern

liegt im sichtbaren Spektrum zwischen Rot und Gelb.
 Orange die Laufmasche unserer Mütter vor dem Pillen-

knick, orange Strümpfe in autogerechter Stadt. Die echte
 Barbie, grundsätzlich blond, und Knallbrause.

So die Verwirrung beim großen Schritt für die Menschheit
 der war schwarzweiß. Der schwarze September und der

deutsche Herbst, in blassorange, und das Dioxin in Seveso.
 Unsere Mütter erinnerten ihre Nächte im Bombenkeller

nicht. Unsere Väter sparten auf den neuen Opel. Orange
 lag wie eine Decke der Langeweile über den grausamsten

Farben. In unseren Köpfen experimentierten wir mit Kriegen
 Katastrophen und dem Ende der Menschheit.

IN jenem Winter stiegen Dow Jones und DAX bei Schnee
minus zwanzig Grad, intelligenten Bomben und brennenden

Ölfeldern, verirrten wir uns zwischen München und Berlin.
Du lagst im Schlafsack mit diesem Steckmühlenspiel, klick

ein Hölzchen, klick, Mühle auf, derweil sich draußen
die Kampfanzüge formierten, unser Haus zu räumen. Draußen.

Drinnen kratzten Eisblumen an Brillengläsern, das kalte Grausen
und der Fortgang, deine Nase rann, die Wimpern vereisten.

Wir versperrten die Börse mit unserem Fahrradschloss, du
wärmtest es mit deinem Feuerzeug, klick, und den Schlüssel

klick, ließen wir stecken. Wir hatten alles nur halb gemacht.
Das Besaufen und Vergessen, den Triumph und die

Gefügigkeit, und als wir daran dachten, die Börse
in die Luft zu jagen, und die Zeitbombe tickte und tickte

und hörte nicht auf zu ticken, sahen wir uns an, und dann
war klar, wir hatten den Wecker nicht gestellt.

ICH lese, was sich lesen lässt, Schlagzeilen, Weblogs
         und kann nicht sagen, ob von Viagra die Rede ist

oder von Bomben im Irak. Vergangene Nacht
   verteilte ich Haloperidol gegen Wahnsinn, verflüssigte Namen

haben schon vor langer Zeit aufgehört, sich selbst für wirklich zu halten.
   Wo keine Erinnerung ist, soll auch kein Körper gewesen sein.

Die Taubenfrau gegenüber raucht eine Zigarette auf dem Balkon.
   Noch schlafen die Tauben. Die Frau, die mit ihnen spricht,
                                     schläft nie.

Wie die Dinge scharf stellen

TIDE

Bohrinsel links. Am Horizont. Windpark
rechts. Norfolk, England jenseits. Unsichtbar.
Oben Möwen. Schreien im Wind. Unten
Muschelschalen. Weichtiere, tot. Knirschend
und ein nach Wasser ringender
Fisch, das Maul gesperrt. Kleine schwarze
Klumpen Öl in Algen verhangen. Und Sand.
Sticht im Schuh. Am Spülsaum Schaum.
Wir laufen der nächsten Landmarke entgegen
(Weichtiere, frittiert). Kleinen schwarzen Löchern
davon. Keine Tapeten mehr, die knistern. Keine
Antworten auf Fragen, an die wir uns nicht
erinnern. Wir pflücken
Schnecken von zerfetzten
Fischernetzen. Wir träumen
uns als junge Hunde. Den Sommer
in Vollversion. Erzählen
von Sandburgen. Reden
die Schönheit notwendig. Den Weg
über Fußballplätze inmitten der Dünen
zurück zum Center Park. Beach Factory.
In Blau. Auf toten Weichtieren gebaut. Drinnen
knistern Tapeten. Raufasern.

ABEND, OFFEN

In den Straßen wächst Licht (take your time), tröstlich
bunte Einkaufstüten und bunte Kinder, sagt sie, Namen
im Mund, Luxus für alle im Lidl. So entstehen Räume.
Nach hinten raus gibts Brot von gestern, kaum
ahnt man wie sicher die Landschaft geworden ist. Und
unter der Linde, Lidl-Linde, sagt sie, parken tröstlich
bunte Wagen, Baumtraum, sagt sie, also
Parkplatz, Menschen, Einkaufstüten, ob das
wohl für Linden ewig sei, und wie lang
für Linden ewig sei, also ewig, sagt sie, ewig also
ist genauso, als ob es das nie gegeben, sagt sie
eine Zigarette lang, dann erlischt das Licht (take
away), nach hinten raus ist die Linde eine sichere
Geliebte. Den Ort zu bleiben gibts dort auch.

Fehlende Wetterlage

Wie die Dinge scharf stellen, z.B. an Sonntagen
wenn es regnet, und du sitzt in einem Nest
wie dem Westkreuz fest, grillst über einer Kerze
Käse. Denkst
an Echsenbeckensaurier (an was auch sonst)
eingezäunte Ameisenstraßen, und überall steht was
von Schwänen, die sich in Tretboote verlieben.
Entwöhntes Vergessen. Kein Schauer
in diesem Klima, wo nicht mal der grüne Fraß
verblüfft, haften weiß Serotonin-Wiederaufnahme-
hemmer. Es ist peinlich, überhaupt Nerven zu haben.
Geht so Furcht. Wähnen
wir Zukunft als Fortschreibung eines ewigen
Heute. Jeder Kontinent ist im Krieg. Die Säuernis
verbrühter Namen, wenn sie alle auf einmal
die Straßen füllten. Dafür
ist der Dienstleistungssektor ausbaufähig
Interessierte sollten sich beeilen, immer
in Erwartung, dem Glück zu begegnen.
Ein billiges Nintendo-Spiel. Wer herausfindet
wie es geht, kommt ins nächste Level.
Im Vergleich die Sammlung Zuckerwürfel, manche
krümelig vom vielen Tragen, die kannst du
unter deinen Sohlen hören.

KURZER ABRISS AN DER A8

So
ändern sich die Zeiten, ändern sich
Zeiten ändert sich eine ganze Menge
mit, Zeit verschlingt Zeit, verschlingt
den Ort, bis auch sie verschlungen
also
steht da vorm Haus ein Schneemann
mit Schild *Avantgarde*, in der Küche
qualmen Holzbriketts nachts, wachsen
Eisblumen, erinnern an den Sommer
da steht er
im Garten spielen saubere Kinder
tragen Mütter Einkäufe aus dem Auto
salopp, stabil, durch offene Fenster
schrillen Telefone der *Consulting*
und vornedran
am Schild fünf Parteien wo fünf
Namen standen, verlegen grinsend
Geschichten zu erzählen ohne Ort

GLASPALAST-BRUNNEN AM WEISSENBURGER PLATZ

Springt Wasser aus neun Tellern
als Feuerwerk nachts baden wir
unsere Füße im Kreis des Quadrats
schwimmt ein Hund seine Bahnen
als Fisch nicht perfekt und trotzdem
glücklich in Bewegung das übertönt
das Wummern der Cabriolets das
geistert um siegreiche Schlachten
ein fünfzackiger Stern
Richtung Bürgerbräukeller später
verkauft man frisches Fohlenfleisch
im Glasscherbenviertel Geschmack
für die Vorstadt brechen Baustellen aus
Entkernen das geistert im Hinterhaus
ist Bewegung immer noch
nicht perfekt sitzen wir am Brunnen
der da ist weil Luxusschimmer Bahnen
brach lange nachdem Bilder brannten

Urbanes Weichbild am Orleansplatz

Was die Kamera sieht auf der Nymphe
am codierten Brunnen knutschen
Betäubte spritzen Fontänen Wasser
in komprimierte Gesichter verschorft
und Frauen mit alternden Plastiktüten
auf Bänken ausgetretene Schuh
was sie nicht sieht weil es hinter ihr liegt
Husten und Spucken in nassen Neubauten
die keine Miete aufbringen trockenwohnen
für Zahlende in Gründerzeitbauten
jetzt vor rotblühenden Kastanien zu jung
um als Schatten dienlich zu sein
was sie beim Wachsen nicht sehen
das endlose Videomaterial ihrer Jugend

Lola schwenkt ihre Pompoms

Mehrkomponentenkleber für drei Stimmen und eine Putzfrau

Zuerst ist da die Stadt · und in der Stadt ist der Konzern / und im Konzern der Aufzug · und der Aufzug ist gläsern und riecht / und ich steige aus und gehe zu Fuß weiter / und dann ist da die Putzfrau · sie fragt mich / warum ich nicht den Aufzug nehme / und ich sage · er rieche nach Urin / und sie sagt · schon wieder · und ich nicke / und sie sagt · Sauerei · und ich nicke / und sie sagt · das liege an den Fischen / und ich frage · welchen Fischen / und sie sagt · die von der Schleppnetzfischerei übrigbleiben / welche Schleppnetzfischerei / die Fortsetzung der Schleppnetzfischerei mit anderen Mitteln · sagt sie / zur Standortsicherung im globalen Klärschlamm / und sie nimmt eine Flasche vom Putzwagen / mit Frischeduft · sagt sie und geht zum Aufzug / und ich sehe auf die Uhr und steige weiter hinauf
//
in den siebten Stock · dort / treffe ich ein Mädchen mit blonder Perücke / und sie sagt · Hi / und ich sage · Hi / I am Lola your cheerleader / und ich nicke / und sie sagt · schau mich an / und ich schaue sie an / ich bin eine AG · sagt sie / und ich frage sie nicht was AG bedeutet · sondern / gehe zum Zimmer des Personalmanagements / und sie läuft neben mir her und schwenkt ihre Pompoms und sagt / YOU! CAN! MAKE IT! YOU! CAN! MAKE IT!
//
Und der Personalchef gibt mir die Hand / Ihr Profil · sagt er · are you a teamplayer · er sagt / mit hoher Service- und Dienstleistungsorientierung / of course / und Lola schwenkt ihre Pompoms / SHOW! YOUR! PROFILE! SHOW! YOUR! PROFILE! / und ich sage · jungbelastbarhumorvollengagiert / und er zeigt mit dem Finger auf mich / warum sollen wir gerade Sie nehmen / und Lola schwenkt ihre Pompoms / BE! A! GGRESSIVE! BE! A! GGRESSIVE! BE! A! G! G! R! E! S! S! I! V! E! / und ich sage · kompetentkommunikativflexibelkonsequentsouverännervenstark / und er sagt
//

AkquisitionvonNeukundenundDurchführungproduktbezogenerVertriebsaktionen / und ich nicke / und er lächelt und stimmt ein Lied an / Hey man take a walk on the wild side / und ich sage / Dip didip didip dididi dip didip didip / und er sagt / Plastikblumen – wie schön, dass es sie gibt / und ich sage / Plastikblumen – wie schön, dass es sie gibt / und Lola sagt / EVERYBODY NOW! / und wir singen / Dip didip didip dididi dip didip didip
//
Und dann / lockert er seine Krawatte · er wischt / sich den Schweiß von der Stirn / wo sind Ihre Schwächen · sagt er / haben Sie Angst vor Aufzügen / A LIFT ! A ! L! I! F ! T! / und ich schüttele den Kopf / Ihre Schwächen · sagt er / Sie sind zu Fuß gekommen / und er quetscht mir die Hand / und gibt mir eine Plastikblume auf den Weg
//
an der ich sieben Stockwerke lang rieche · im Erdgeschoss / ist die Putzfrau · sie kommt aus dem Aufzug / sauber · sagt sie · bis morgen · und trällert ein Lied / schon heute mit der Technik von morgen / fährt die Pisse nierenkranker Männer / in den Himmel / und sie kichert / wir benötigen neue Absatzmärkte für unser Produkt / und schwenkt ihren Putzlappen
//
und ich gebe ihr meine Blume · und sie / drückt mir eine Flasche Desinfektionsmittel in die Hand / mit Frischeduft · ruft sie mir hinterher / als ich zum Ausgang gehe

Tingeltangel im Tunnel mit Schaffner und anderen Lebensformen auf Kohlenstoffbasis

Auf Gleis elf fuhr der Zug anderswohin / als man mir sagte · er fuhr an auf Gleis elf / so hatte man gesagt · was stimmte / und die Reisenden nickten als der Zug / davonraste in die Dunkelheit
//
zwanzig Uhr fünfzehn Winterzeit exakt / wie man mir gesagt hatte / kein Tschkth · ein Schschschsch / bei 220 km/h auf dem Leuchtzifferband / heulte es von den Wänden wider
//
von den Wänden · von den Wänden · Wänden / und die Reisenden nickten in ihre Zeitungen / bei 21 Uhr dreißig auf dem Leuchtzifferband / von welchen Wänden
//
und die Reisenden nickten in ihre Kopfhörer / als ich nach dem Schaffner suchte bei 320 km/h / schwankte der Zug ein wenig und der Schaffner / reichte mir Champagner und prostete
//
indes ich das Schschschsch überschrie / schrieb er auf einen Untersatz / Sonderfahrt · welche Sonderfahrt / der Tunnel · welcher Tunnel / bei 420 km/h jagte der Zug / um eine Kurve · der Schaffner / stieß sich den Stift in sein Nasenloch
//
ins Champagnerblut schrieb er · ein Taschentuch / und die Reisenden nickten bei 520 km/h / klappten Notebooks auf und zu / umschlang die Blondierte die Zunge des Jungen · der telefonierte / Hotlineversprechern hinterher
//
ein Taschentuch · sie nickten / bei 620 km/h auf dem Leuchtzifferband / flackerte die Beleuchtung · aus an aus an / trommelte die Musik · sch sch sch sch / standen die Reisenden auf und tanzten / im Strobolight · momentweise / besudelte der Schaffner sein Champagnerglas

Dinge. Nicht-Dinge. Dinge

1 Dinge

Dinge, um Dinge zu erhalten. Dinge, um Dinge zu verwalten. Dinge, um Dinge nachzuweisen. Dinge, um den Erhalt von Dingen nachzuweisen. Dinge, um den Besitz von Dingen nachzuweisen.
//
Dinge, um den Erhalt von Dingen zu regulieren, zu beschleunigen und aufrechtzuerhalten. Dinge, um die Verwaltung von Dingen zu regulieren, zu beschleunigen und aufrechtzuerhalten.
//
Dinge, um die Existenz von Nicht-Dingen nachzuweisen. Dinge, um den Besitz von Dingen nach Nachweis der Existenz existenten Nicht-Dingen zuzuordnen. Dinge, um den Mangel an Dingen nach Nachweis der Existenz existenten Nicht-Dingen zuzuordnen.
//
Dinge, um über Dinge zu informieren. Dinge, um die Freude an Dingen zu optimieren. Dinge, um Dinge zu beseitigen.

2 NICHT-DINGE

Nicht-Dinge, die Dinge bedienen, welche Dinge und Nicht-Dinge an einen anderen Ort bringen. Nicht-Dinge, die sich in die Dinge setzen, welche sie an einen anderen Ort bringen, um dort Dinge zu verwalten.
//
Nicht-Dinge, die nach erfolgtem Ortswechsel in Dingen Dinge erstellen, welche die Existenz von Nicht-Dingen nachweisen. Nicht-Dinge, die Dinge verwalten, mit denen sie Dinge Nicht-Dingen unter Vorlage von Existenz-Nachweis-Dingen zuordnen.
//
Nicht-Dinge, die ihren Platz in der Dingeverwaltung verlieren. Nicht-Dinge, die durch das Verlieren des Platzes in der Dingeverwaltung einen Mangel an Dingen auf sich ziehen.
//
Nicht-Dinge, die Dinge verwalten, mit denen sie den Mangel an Dingen unter Vorlage von Existenz-Nachweis-Dingen und Dinge-Zuordnungs-Dingen prüfen. Nicht-Dinge, die Dinge bedienen, mit denen sie Dinge erstellen, die Nicht-Dingen den Mangel an Dingen nachweisen.
//
Nicht-Dinge, die Dinge verwalten, mit denen sie für Dinge-Mangel-Nicht-Dinge unter Vorlage von Dinge-Mangel-Nachweis-Dingen eine Platzregulierung in der Dingeverwaltung anstreben, um die Behebung von Dinge-Mangel outzusourcen.

3 Dinge. Nicht-Dinge

Dinge, um das Bedürfnis nach Dingen in Nicht-Dingen zu schüren. Nicht-Dinge, die das Bedürfnis nach Dingen verspüren.
//
Dinge, um Dinge und Nicht-Dinge an einen anderen Ort zu bringen. Nicht-Dinge, die sich in die Dinge setzen, welche sie an einen anderen Ort bringen, um dort Dinge zu bekommen.
//
Dinge, um Dinge vonseiten Nicht-Dingen nach Absatz von Dingen zu verwalten. Nicht-Dinge, die Dinge bedienen, mit denen sie Dinge erstellen, die den Erhalt von Dingen nachweisen.
//
Dinge, um Dinge zu tragen. Nicht-Dinge, die Dinge tragen, in denen Dinge getragen werden.
//
Dinge, um über die Funktion von Dingen zu informieren. Nicht-Dinge, die Dinge bedienen, mit denen sie die Funktion von Dingen herausfinden.
//
Dinge, um über Dinge zu kommunizieren. Nicht-Dinge, die Dinge bedienen, mit denen sie über das misslungene Herausfinden der Funktion von Dingen informieren.
//
Dinge, die den Dinge-Erhalt nachweisen. Nicht-Dinge, die Dinge-Erhalts-Nachweis-Dinge suchen.
//
Dinge, um Dinge aufzubewahren. Nicht-Dinge, die Dinge-Erhalts-Nachweis-Dinge in Dinge-Aufbewahrungs-Dingen nicht finden.
//
Dinge, um Dinge zu entsorgen.

Unser Frawen Thor
(Ammersee, Taubenturm, drei Fenster)

NORDEN
am Nordfenster
rechteckig abgeschnittener See, schäumend
wie Kohlweißlinge flattern Segler ans
Ufer, die Sturmwarnungen irre gewordene
Leuchtkäfer, da drückt sich der Himmel
ins Fensterkreuz. Bluterguss aufgeschwollen
überm Tor, wo Deckung vor Pallasch und Hellebarden
rauschen Audi und BMW vorbei, Tor

SÜDEN
am Südfenster
kreuzen Nonnen unter sich biegenden
Birken, im Sturm reißen Glocken
den Himmel auf. Es gibt
nichts Höheres, das Auge
Gottes überm See, Weiß, Gold und
Weiß auf dem Schutt untergegangener
Geschichten

MARIA MEERSTERN
schlägt die Zeit, entzeitlicht
in Engelskämpfen heimlich
Vergrabene, ewige Zeit
vielzungiger Herzen, streunender
Hunger, und
das Geläut, im Garten Steige
Senke, Steige vom Hagel zerschlagen
fehlt Holunder, und

OSTEN
am Ostfenster
die treibenden Fragen
von Heute. So wie übern Marktplatz
streifen, rush hour, rasch
die Tüten in den Wagen gepackt
Wagen als Hauptwort
ohne Kratzer, Gesättigte malmen
Wachstum

ÜBER DEN
Steinplatten früherer Kriege
dreht sich ein Engel im Wind.
Wir haben sieben Jahre, so
die Wachturmfrau, sieben
Todsünden, sieben Siegel, eilige
Schritte an Auslagen mit Uhr, mittig
die Zeit und links und rechts
ein Drache, ein Engel

SÜDEN
am Südfenster
das Aufkreischen der Sägen, sturm-
gebrochene Birken sägen, Männerarme
unter Gottes Aug, im Fall
stimmt die Richtung. Im Wasser nicht. Maria
Meerstern, da, schlickiges
Fließ zwischen Dämmen hindurch, sand-
fressender Bach, mehr Sand, drunter

TRETEN
Urgroßmütter auf, ungetaufte
Ahnseelchen, wo
Perchta fort, Schön Percht strählt
ihr Haar, Schiach Percht
sammelt Seelen ein, und das Geheul
der wilden Jagd, Percht spinnt Fäden
auf ihrem Rad, fräsen
sich acht Glocken in den Himmel.
Tonnengewölb, auf dem
Fundament der zwölf Apostel
bekämpfen federflügige Engelkinder flederflügige
Teufelkinder am Altar, drunter

NETZE
spannen von Angst zu Angst
wie wehren gegen Himmel, Erde, das
Fremdeln im Gehölz, allein, nacht
dunkles Geknister, Astgerippe, Baumgesichter, und
*stell dir vor, deine Umgebung sieht dich. Die Bäume
die Amseln nehmen dich als Wesen wahr. Stell dir vor
die Tiere erkennen dich,* und
wie wehren, wie

LICHT INS DUNKEL. Terraforming
ist drinnen, draußen, ist draußen
das Fenster zum Reinsehen oder
ist drinnen das Fenster
zum Raussehen, ist es
ein Fenster zum Sehen
im Fenster am Fenster unterm Fenster
in Kehren verfertigte Landschaften, Netto-
landschaften, alles strebt
nach oben türmen, Türme bauen, fremde
Türme bekriegen, aufstreben
gegen die Bangnis, wie
atmet Gott

Epilog

Es ist vier in der Früh, Ende November, es schneit
ein bisschen, die Dächer sind schon weiß, und die Frau
von gegenüber raucht eine Zigarette auf dem Balkon.
                    Erinnerst Du Dich an sie. Sie schläft nie.
Dir würde der Schnee nicht gefallen, ich weiß, Du sagtest
Schnee mache weihnachtliche Gefühle, und Du konntest ja
Weihnachten nicht leiden.
            Ich habe Deinen ausgefransten
Wollpullover noch, den, den Du mir gabst, als es mitten
in der Nacht regnete, und für ein Taxi hatten wir kein Geld.
Wir sind auf Forschungsreise, so Du, und Forschungsreisen
sind immer nass und unbequem.
            Bist Du noch auf Forschungsreise.
Er ist mir ein bisschen zu groß, Dein Wollpullover, und
er ist mittlerweile weit gereist. Aber nicht so weit wie Du
ich weiß.
            Ich war in Kolkata letztes Jahr
und da war ein Mädchen, das verkaufte Plastikrosen
vor einem kleinen Tempel. Plastikrosen und blinkende
Lämpchen für die vierarmige Kali mit ihrer Halskette
aus Totenschädeln.
            Ich glaube, sie hätte Dir gefallen.
Ich hatte keine Ahnung, dass Du Rosen nicht mochtest.
L. sagte es mir, hinterher, sie sagte, Rosen seien für Dich
so etwas wie Schneeweißchen und Rosenrot. Aber da
konnte ich es nicht mehr ändern.
            Und Du hattest ja nichts gesagt.
Vor ein paar Wochen sah ich bei L. die Scherben
des blauen Glases, das Du an die Wand geworfen hast
an dem Abend, an dem Du sagtest
            Du müssest Dir klar werden.
L. sagt, sie habe Deine Scherben überallhin
mitgenommen. Ihr geht es gut. Sie ist zurück
gekommen.
            Was kann ich Dir noch schreiben.
Ich wünsche, dass es dort, wo Du jetzt bist
kein Weihnachten gibt. L. hat mir eine Scherbe
mitgegeben. Ich hoffe, es ist Dir Recht.

Anmerkungen

Mouches Volantes sind kleine Flecken im Gesichtsfeld. Sie rücken in den Blick, wenn helle Flächen betrachtet werden.

Tagesrandlagen ist ein Versuch, die Mythen der Nemesis, der Kore-Persephone, des Riesen Antaios und der Nyx-Nacht in der heutigen Zeit zu verorten.

Glaspalast-Brunnen am Weissenburger Platz: Der Glaspalast, 1854 in München gebaut, war ein Ausstellungsgebäude, das 1931 vollständig abbrannte. Bei dem Brand wurden über 3000 Gemälde zerstört. Der Brunnen wurde 1974 im Zuge der Sanierung München-Haidhausens am Weißenburger Platz wieder aufgestellt.

Urbanes Weichbild am Orleansplatz: »Trockenwohnen« – Wer um 1900 die Miete nicht aufbringen konnte, wohnte in einer nassen Neubauwohnung mietfrei, bis diese für zahlende Mieter bewohnbar geworden war.

Unser Frawen Thor: Der Dießener Taubenturm ist ein mittelalterlicher Torturm des »Unserer lieben Frau« geweihten Klosters in Dießen am Ammersee, dessen Klosterkirche das Dießener Marienmünster ist. Im Umland des Münsters liegen die Orte Perchting und Percha. Frau Percht und die Perchten sind ein Mythos aus dem alpenländischen Raum.

Inhalt

Sylvia auf dem Dach

Rauchfingrige Stille · 9

Fabelwesen, du

Wie gewohnt die Echos · 13
Also gleiten wir · 14
Ein Outlet · 15
Mein Schatz · 16

Auch: Verstecke

Ortungen · 19
33° · 20
Mouches Volantes · 21
Nehmt, Frouwe, diesen Kranz · 22
Grenzstein, Serenade · 23
Betreff: Re: · 24
Oberflächen · 25
Siebenschläfer · 26
Eine Abirrung von Sekunden · 27
Wieder Blütezeit · 28
Am Himmel der Alltag · 29

Draussen Krulle irgendwo

Nichts · 33
Schneelämmer dünnes Weiß · 34
Draußen laufen lauter Leute · 35
Die Augen weit offen · 36
Verschwinden · 37
Dann wird es weiß · 38

Tagesrandlagen

[Über Diesseitiges und mittendrin] · 41
[Interview mit der Nachbarin über Schwaneneier] · 42
[Interview mit Herrn A. über Helden] · 43
[Interview mit Frau K. vor dem Nachtdienst] · 44
[Über Nächtliches, reloaded] · 45

Orange

Sich um vier Uhr morgens · 49
An der Schwelle · 50
Am Westkreuz · 51
In jenem Winter · 52
Ich lese, was sich lesen lässt · 53

Wie die Dinge scharf stellen

Tide · 57
Abend, offen · 58
Fehlende Wetterlage · 59
Kurzer Abriss an der A8 · 60
Glaspalast-Brunnen am Weißenburger Platz · 61
Urbanes Weichbild am Orleansplatz · 62

Lola schwenkt ihre Pompoms

Mehrkomponentenkleber für drei Stimmen und eine Putzfrau · 65
Tingeltangel im Tunnel ... · 67
Dinge. Nicht-Dinge. Dinge · 68
1 Dinge · 68
2 Nicht-Dinge · 69
3 Dinge. Nicht-Dinge · 70

Unser Frawen Thor

Norden · 73
Süden · 74
Maria Meerstern · 75
Osten · 76
Über den · 77
Süden · 78
Treten Urgroßmütter auf · 79
Netze · 80
Licht ins Dunkel · 81

Epilog

Es ist vier in der Früh · 85

Anmerkungen · 87